AF258339

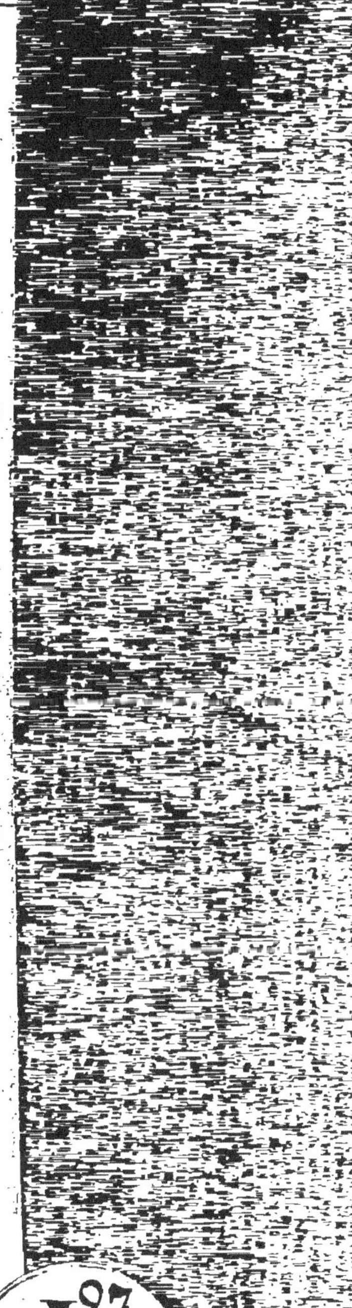
L27m
2L106

ESQUISSE

SUR SAINTE

GERMAINE COUSIN

DE PIBRAC

Diocèse de Toulouse (Haute-Garonne)

née en 1579, morte en 1601, béatifiée le 7 mai 1854, et canonisée solennellement
le 29 juin 1867

ET APERÇU SOMMAIRE

SUR LES PRINCIPAUX MIRACLES OBTENUS PAR LA PUISSANTE
INTERCESSION DE LA SAINTE

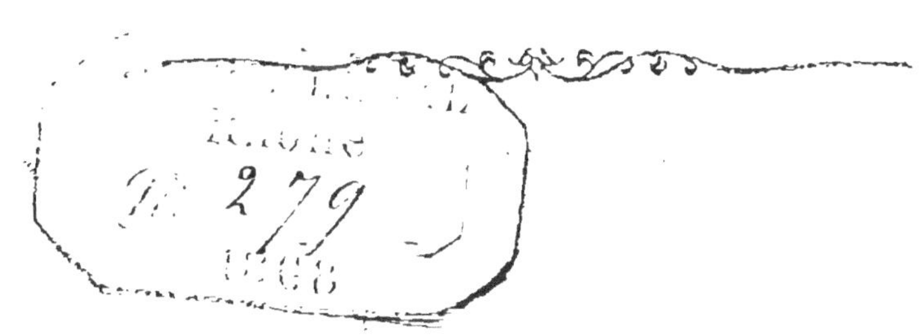

LYON

CHEZ L'AUTEUR, COURS DE BROSSES, N° 2

au premier.

ESQUISSE

DE SAINTE

GERMAINE COUSIN

PRÉCÉDÉE D'UN [...]

(Notice de l'auteur de [...] Haute-Garonne)

[...] le 29 juin 1867

LYON
IMPRIMERIE C. JAILLET, RUE MERCIÈRE, 92.

LYON

CHEZ L'AUTEUR, COURS DE BROSSES, N° 2

au premier

ESQUISSE

SUR SAINTE

GERMAINE COUSIN

DE PIBRAC

Diocèse de Toulouse (Haute-Garonne)

NÉE EN 1579, MORTE EN 1601, BÉATIFIÉE LE 7 MAI 1854, ET CANONISÉE SOLENNELLEMENT
LE 29 JUIN 1867

ET APERÇU SOMMAIRE

Sur les principaux miracles obtenus par la puissante intercession
de la Sainte.

INTRODUCTION

A douze kilomètres environ de l'ancienne capitale du Languedoc, de la belle et populeuse ville de Toulouse, se trouve un village de deux cents feux, où maintenant chaque jour voit affluer une foule de pélerins. C'est *Pibrac*, ou plutôt *Sainte Germaine*, car cette dénomination nouvelle tend de jour en jour à prévaloir sur l'ancien nom.

Pibrac dépendait jadis d'un fief appartenant à la noble famille du Faur, qui possédait un château assez bien fortifié, dont il reste encore quelques ruines. L'un des membres de cette famille, Gui du Faur, seigneur de Pibrac, né à Toulouse en 1529, mort en 1584, fut successivement Conseiller au Parlement, avocat général, Président à mortier, Chancelier de la reine Marguerite de Navarre, et du duc d'Alençon.

On a de lui des écrits politiques et quelques discours ; mais il est encore plus connu par ses *Quatrains moraux*, qui, imprimés à Paris en 1574, et traduits en plusieurs langues, ont une certaine célébrité.

Mais l'illustration qui environne actuellement le village de Pibrac, lui vient d'un trésor précieux qu'il possède, et dont ses habitants sont fiers à juste titre : nous voulons parler des reliques de la *sainte* bergère qui eut nom GERMAINE COUSIN.

Le tombeau de la bienheureuse est à la fois la gloire et la richesse du lieu où elle reçut le jour ; car il y attire, depuis quelques années surtout, une multitude de visiteurs. Quantité de personnes de tout rang, de toute condition, viennent chaque jour implorer la protection de celle dont le mérite et la sainteté sont attestés par maintes cures merveilleuses, par maints faits qui ont eu de nombreux témoins.

A chaque heure de la journée, des *omnibus* amènent de Toulouse à Pibrac les pèlerins accourus de tous les points de la France et de l'étranger. Ainsi, une chétive bourgade, naguère encore ignorée, est devenue aujourd'hui célèbre dans tout l'univers, grâce à ce tombeau populaire, objet de tant de vénération, et devant lequel on vient s'agenouiller avec ferveur. Ainsi, les plus éclatants témoignages de la confiance que les fidèles ont en sa puissante intercession, honorent celle qui a vécu pauvre et dans l'obscurité. Dieu a voulu que l'humble fille des champs, dont l'existence s'écoula dans les souffrances et les tribulations, fût après sa mort, publiquement et universellement glorifiée !

Nous allons esquisser brièvement la vie de *Germaine Cousin*, vie sainte et consacrée toute entière à servir et aimer Dieu. Nous relaterons les circonstances qui se rattachent à la découverte de son corps, la profanation de ses restes par des mains sacrilèges, à cette époque où tout ce qui pouvait rappeler le souvenir du culte catholique était impitoyablement proscrit ! Nous citerons quelques-uns des miracles par lesquels l'Eternel voulut prouver les mérites de la Bienheureuse. Enfin, nous mentionnerons les enquêtes et informations qui, selon les rites et les usages du Saint-Siége apostolique, ont précédé les décrets de béatification et de canonisation, et les fêtes auxquelles ces deux cérémonies ont donné lieu, soit à Rome, soit à Toulouse.

I

SOMMAIRE. — Naissance de Germaine. — Ses infirmités. — Mort de sa mère. — Son père se remarie. — Mauvais traitements qu'elle endure de la part de sa belle-mère. — Sa vie de bergère. — Ses souffrances et ses privations. — Sa résignation et sa patience ; sa joie de trouver dans ses tribulations un moyen de suivre l'exemple du Sauveur.

En 1579, dans une modeste chaumière située au milieu des champs, à quelque distance du village de Pibrac, naquit une enfant que le Seigneur avait destinée à être un vase d'élection. Fille d'un pauvre cultivateur, nommé LAURENT COUSIN, et de MARIE LAROCHE, *Germaine* fut initiée, dès son entrée dans la vie, à la souffrance et aux maux ; car elle vint au monde avec de cruelles infirmités. Outre qu'elle était percluse du bras droit, elle était encore atteinte de scrofules. — Soit qu'il n'y eût pas de guérison possible, soit que, par suite de la pauvreté de ses parents et du manque de soins, on n'eût pas tenté cette guérison, elle demeura toujours affligée de ces infirmités qui augmentaient encore les rigueurs de son triste sort ; mais elle les endura constamment avec patience et résignation. Sans doute, il entrait dans les desseins de Dieu que les rudes épreuves qu'elle eut à subir, fissent ressortir avec plus d'éclat les vertus qu'elle pratiqua dès l'âge le plus tendre, et la préparassent à la perfection. On ne sait rien de bien précis sur l'éducation que Germaine reçut dans sa première enfance ; il est pourtant à présumer qu'une mère pieuse lui enseigna de bonne heure à pratiquer l'humilité et la soumission aux volontés de Dieu. En effet, même dès ses plus jeunes années, elle aimait à prier, et paraissait plus instruite des préceptes de la foi, que ne le sont bien souvent des personnes d'un âge mûr.

La mort de sa mère fut le commencement de ses malheurs ; car, son père ne tarda pas de se remarier, et, loin de prendre en pitié la pauvre enfant infirme qui allait être confiée à ses soins, la nouvelle femme prit Germaine en aversion, et sa haine augmenta lorsqu'elle eut elle-même des enfants. Depuis ce moment, Germaine se vit constamment en butte aux mauvais traitements de sa marâtre. Quoiqu'elle n'opposât à toutes les injustices, à toutes les paroles amères et injurieuses, qu'une résignation exemplaire, jamais elle ne pouvait obtenir un mot de bienveillance, jamais on ne trouvait bien ce qu'elle faisait.

Sa belle-mère réussit même à lui ravir l'affection de son père ; elle persuada à celui-ci que, pour préserver leurs autres enfants du mal scrofuleux que Germaine pourrait leur communiquer, il fallait absolument éloigner cette dernière de la maison. Cédant à ces perfides et continuelles suggestions, Laurent Cousin confia à Germaine la garde d'un troupeau de brebis ; de sorte que, bien jeune encore, elle passa toutes ses journées au milieu des champs et des bois. Le soir, à son retour, elle n'avait pour lieu de repos, qu'un coin de l'étable, ou le dessous d'un escalier, et pour lit qu'un faisceau de sarments.

Ce fut dans ce métier de bergère, que s'écoula toute la vie de Germaine. Mais la solitude, qui est toujours dangereuse pour quiconque ne vit pas avec Dieu, devint pour elle une source de bénédictions et de singulières faveurs. Elle aimait l'isolement que sa profession lui imposait, parce qu'elle pouvait s'y réunir plus intimement à Dieu, par la pensée et par le cœur. Pour cette âme pure et naïve, tout était un sujet de pieuses méditations. — La vue des fleurs, des arbres, de la verdure, et de tout ce qui l'entourait, suffisait à lui inspirer le recueillement, à exciter sa ferveur. Tout lui parlait de Dieu, objet de son amour et de sa perpétuelle adoration. Aussi, loin de rechercher la compagnie des autres bergères et de se mêler à leurs jeux, elle ne leur parlait que pour les exhorter à marcher dans les voies du Seigneur. Recherchant, pour y mener paître son troupeau, les lieux les plus écartés, elle employait ses journées à filer sa quenouille, et à prier vocalement ou mentalement. On peut dire que, dans la solitude où elle vivait, elle avait comme un avant-goût des joies célestes, qu'elle y jouissait de la présence de son Bien-Aimé. Ainsi, une petite bergère, aussi instruite dans la science de la vie par l'instinct de l'amour et de la piété, que pouvaient l'être les Anachorètes et les Pères du désert, qui avaient expérimenté les peines de l'existence et les misères de l'humanité, était arrivée à se créer une retraite au sein de la retraite même.

Pour les enfants même des familles les plus misérables, la maison paternelle a ses joies, qui font oublier les peines et les fatigues; pour Germaine, il n'en était point ainsi. A peine arrivait-elle au logis, après avoir été exposée tout le jour au soleil, à la pluie, et à toutes les intempéries atmosphériques, qu'elle se voyait accueillie par des injures, et souvent par des coups. Il ne lui était point permis de pénétrer dans l'appartement où toute la famille se trouvait réunie. Tenue à l'écart, comme si elle eût été une pestiférée, elle ne devait jamais approcher ses frères et sœurs, pour lesquels cependant son affection était vive, sincère, et sans aucun mélange de jalousie; il lui était interdit de s'entretenir et d'avoir aucun rapport avec eux. Pour toute nourriture, elle recevait, chaque matin, un morceau de pain noir que sa marâtre lui mesurait parcimonieusement, et ne lui donnait que de mauvaise grâce. Plus d'une fois, Germaine en fut réduite, pour apaiser sa faim, à se nourrir des racines et des fruits sauvages qu'elle trouvait dans les champs ou dans les bois. Telle fut l'existence misérable que la pauvre bergère mena pendant plus de douze années, sans que jamais sa résignation se démentit. Sa soumission et son respect envers sa belle-mère furent toujours les mêmes. Elle essuyait avec une douceur angélique les réprimandes les plus injustes, et recevait les coups sans faire entendre une plainte, sans pousser un cri, et sans chercher à s'en garantir. Loin de se plaindre et de murmurer de sa triste situation, elle trouvait dans les persécutions incessantes dont elle était victime, un aliment à ce désir de souffrance dont son âme semblait éprouver un insatiable besoin. Elle se réjouissait de ce que Jésus-Christ, son divin Maître, lui fournissait le moyen de lui prouver son amour, en la faisant passer par le creuset de l'adversité.

Pauvreté, infirmités, souffrances, mauvais traitements, elle les acceptait avec joie, parce qu'en détachant de plus en plus son cœur de toutes les choses terrestres, elle reportait toutes ses pensées vers le Ciel.

II.

SOMMAIRE. — Assiduité de Germaine aux offices divins, et à la fréquentation des sacrements. — Sa dévotion à la Sainte Mère de Dieu. — Marques de la protection de Dieu, manifestées soit sur la jeune bergère elle-même, soit sur le troupeau confié à ses soins. — Germaine est raillée par quelques personnes, à cause de son humilité. — Elle supporte patiemment cette nouvelle croix.

Germaine aimait à chercher des consolations au pied des autels. Tous les jours, malgré sa faiblesse et ses incommodités, elle ne manquait jamais d'assister au Saint-Sacrifice de la messe. Chaque matin, elle sortait de la maison pour conduire son troupeau au pâturage; mais dès qu'elle entendait le son de la cloche, soit de l'église de Pibrac, soit d'une autre église des environs, la bergère partait en toute hâte, et se dirigeait vers le lieu saint. Pour accomplir ce pèlerinage, rien ne l'arrêtait, ni la pluie, ni les mauvais chemins, ni la longueur du trajet à parcourir. Avant de s'éloigner, elle plantait en terre sa quenouille; les brebis se réunissaient autour; aucune d'elles ne s'écartait des autres, et jamais ce troupeau, malgré l'absence de la bergère, ne causa le moindre dommage dans les champs ensemencés.

Quoique la contrée fût infestée de loups, dont grand nombre, qui avaient leurs repaires dans la forêt de Bonconne, voisine de Pibrac, causaient fréquemment de terribles ravages parmi les troupeaux, malgré la vigilance de leurs gardiens, jamais le troupeau de Germaine n'eut à souffrir de la fureur de ces animaux carnassiers.

Ainsi, la pieuse bergère, dans la sincérité de sa foi, confiait ses brebis à la garde du Tout-Puissant ; et cette protection divine, en laquelle reposait son espérance, ne lui fit jamais défaut. Et, de même que, suivant l'Écriture Sainte, les troupeaux de Laban prospérèrent jadis sous la conduite de Jacob, que Dieu avait béni comme son fidèle serviteur, de même les brebis confiées à la garde de Germaine, prospéraient grâce à la bénédiction du Très-Haut, répandue sur l'humble bergère.

Aussi, plus d'une fois, témoins des reproches et des injures qu'une impérieuse marâtre adressait à Germaine en l'accusant de négligence, des habitants de Pibrac exprimèrent à cette méchante femme l'indignation dont son injustice les remplissait. Pour se rendre à l'église de Pibrac, située au sommet d'un côteau, Germaine était obligée de traverser un ruisseau appelé le *Courbet*, qui sépare deux collines. Dans les temps ordinaires, on le passe à gué sans difficulté ; mais les pluies d'orage le changent parfois en un torrent furieux et infranchissable ; or, un jour que, selon son invariable coutume, la jeune bergère allait entendre la messe, des habitants du village la voyant venir, se demandèrent comment elle passerait d'une rive du Courbet à l'autre ; car, il avait plu abondamment la nuit précédente, et les eaux du torrent considérablement grossies, auraient pu barrer le passage aux hommes les plus intrépides et les plus vigoureux. Cependant, Germaine arrive au bord du Courbet, sans s'occuper de l'obstacle que ce torrent va lui opposer. Oh ! prodige ! comme les flots de la mer Rouge se séparèrent jadis pour livrer passage aux enfants d'Israël fuyant l'Egypte sous la conduite de Moïse, pour se diriger vers la terre de Chanaan, les eaux du torrent s'ouvrent devant Germaine, qui le traverse à pied sec, soit à l'aller, soit au retour.

N'est-il pas évident que Dieu voulut, en cette circonstance, manifester hautement combien la piété de sa servante lui était agréable, puisqu'il écarta de sa puissante main les obstacles qui auraient pu empêcher Germaine d'en accomplir les devoirs.

A sa confiance en Dieu, à son amour pour Jésus-Christ, la jeune bergère unissait une tendre affection pour la sainte mère du Sauveur. Elle ne cessait de donner des témoignages ostensibles de sa dévotion à MARIE. Lorsque sonnait l'*Angelus*, le matin, à midi et le soir, en quelque lieu que Germaine se trouvât, elle ne manquait jamais de s'agenouiller pour réciter avec ferveur la Salutation angélique. Le rosaire était l'une de ses prières de prédilection ; il ne se passait pas de jour qu'elle ne le récitât à genoux, et qu'elle n'en méditât les adorables mystères. Les fêtes de Marie lui fournissaient l'occasion de redoubler de zèle religieux ; elle sanctifiait ces solennités en recevant la Sainte-Eucharistie. S'approcher le plus souvent possible de la Sainte-Table, était d'ailleurs pour elle une pieuse coutume, et sa ferveur dans l'accomplissement de cet acte solennel produisait sur l'esprit de tous ceux qui assistaient à l'office divin, une impression profonde, dont le souvenir se conserva dans la contrée bien longtemps encore après que Germaine eût cessé de vivre.

Disons cependant que si la piété, la douceur et l'humilité de la jeune bergère, et sa résignation à supporter les persécutions et les tracasseries dont elle était l'objet de la part de sa belle-mère, lui avaient concilié les sympathies de bon nombre d'habitants de Pibrac, beaucoup d'autres qualifiaient sa conduite d'hypocrisie, et prétendaient que son but était de se faire passer pour sainte. Aussi, la pauvre Germaine était-elle raillée impitoyablement, soit par des enfants, soit par des personnes d'un âge mûr, qui la montraient au doigt lorsqu'elle passait, et l'appelaient *bigotte, hypocrite,* etc.

Bien que, comme nous l'avons dit plus haut, elle sem-
blât se complaire dans la solitude, il lui arrivait quelquefois
de réunir autour d'elle, dans les champs, des jeunes ber-
gers des deux sexes, non pour se mêler à leurs jeux, mais
pour leur faire entendre de sages exhortations. Elle cher-
chait à leur enseigner les préceptes de la foi chrétienne, à
leur inspirer l'amour de Dieu, l'obéissance à sa loi, la dé-
votion à Jésus-Christ et à Marie. Elle goûtait une douce
satisfaction lorsqu'elle parvenait à captiver l'attention de son
auditoire. Mais, le plus souvent, l'attrait du jeu ne tardait
pas d'avoir le dessus et de faire délaisser la pauvre prê-
cheuse. Ajoutons que, parmi les enfants auxquels s'adres-
saient d'ordinaire ces sages recommandations, quelques-uns
écoutaient volontiers Germaine, parce qu'ils reconnaissaient
qu'elle-même donnait l'exemple des vertus qu'elle les exhor-
tait à pratiquer. D'autres, au contraire, se moquaient de ses
conseils et de ses leçons : plusieurs allèrent jusqu'à la rail-
ler et même à l'injurier. Toutefois, le mauvais succès ne
la rebutait pas, et loin de témoigner aucun ressentiment à
ceux qui la maltraitaient ainsi, elle ne manquait jamais de
leur être utile dans l'occasion. Rendant à son prochain tous
les services qu'elle pouvait, Germaine se rendait agréable à
celui qui mesure la récompense non à l'œuvre, mais à l'in-
tention.

III.

SOMMAIRE. — Amour de Germaine pour les pauvres. — Sa
bienfaisance ingénieuse pour les soulager. — On l'accuse de voler
le pain de la maison. — Fureur de sa belle-mère. — Miracle des
fleurs. — Germaine regardée depuis lors comme sainte. — Son
père lui rend son affection. — Sa mort. — Ses funérailles.

Pauvre comme l'était la vertueuse jeune fille, qui, ne
prenant pas même place à la table paternelle, avait pour
tout aliment un morceau de pain à peine suffisant pour la

nourrir, et n'était couverte que de vêtements presque en lambeaux, pratiquer la charité était chose assez difficile. Ne pouvant, ainsi qu'elle l'eût désiré, subvenir aux besoins des indigents, elle trouva néanmoins dans son ingénieuse charité le moyen de faire l'aumône, et d'augmenter encore ses privations, en distribuant presque quotidiennement aux pauvres ce peu de pain qui lui était donné pour sa subsistance de chaque jour.

Cette tendresse pour les malheureux, qui allait jusqu'à l'héroïsme de l'abnégation, devait être pour Germaine une nouvelle source de chagrins et d'épreuves ; mais elle devait aussi amener une nouvelle manifestation de la protection dont Dieu l'entourait. Sa bienfaisance, dont les ressources étaient inconnues, devint suspecte à ses parents, surtout à sa belle-mère, toujours disposée à blâmer et incriminer les moindres actions de celle qui était l'objet de sa haine acharnée. Elle l'accusa de voler le pain de la famille, et profita de cette occasion pour la traiter avec encore plus de rigueur.

Un matin, que Germaine venait de partir pour les champs avec son troupeau, emportant dans son tablier quelques morceaux de pain destinés aux pauvres, sa belle-mère, qui la guettait sans doute, s'arme d'un bâton et s'élance à sa poursuite. Cette fureur, qui ne cherchait qu'un prétexte pour s'assouvir, allait se donner un libre cours. Dieu ne le permit pas. Plusieurs habitants du village, ayant vu passer cette femme exaspérée, se hâtèrent de la suivre, en vue de protéger Germaine contre les mauvais traitements qui paraissaient la menacer. Ils rejoignent la dame Cousin, et apprennent d'elle le motif de son courroux. On arrive bientôt à l'endroit où Germaine faisait paître ses brebis. Sa belle-mère s'approche d'elle, ouvre avec violence son tablier. — Oh ! prodige ! Au lieu du pain que l'on s'attendait à y trouver, il en tombe une pluie de fleurs, les plus fraîches et les plus belles que l'on pût voir... On était alors au cœur de l'hiver !

Ainsi, dans cette circonstance, renouvelant le miracle opéré en faveur de Sainte-Elisabeth duchesse de Thüringe, le Tout-Puissant glorifia la vertu de Germaine, et confondit la méchanceté de sa marâtre.

Les habitants de Pibrac qui avaient été témoins de ce prodige, étaient précisément du nombre de ceux qui jusqu'alors, se raillant de Germaine, avaient traité d'hypocrisie sa douceur et sa piété. Saisis d'étonnement à la vue de ce qui venait de se passer sous leurs yeux, ils changèrent subitement d'opinion à l'égard de la jeune bergère. Ils s'empressèrent de publier partout ce fait miraculeux, et, depuis ce moment, tout le village regarda Germaine comme une sainte. C'est ce que constatèrent les enquêtes qui eurent lieu en 1661 et en 1700; à ces deux époques, la population entière de Pibrac témoigna de ce miracle des fleurs, dont le souvenir s'était transmis par la tradition orale d'une génération à l'autre.

Instruit de ce fait par la commune renommée, Laurent Cousin, comprenant les torts qu'il avait eus envers sa fille, et regrettant de l'avoir trop longtemps méconnue, fit défense expresse à sa femme de la tourmenter et de la maltraiter, comme elle avait fait jusqu'à ce moment. Il voulut, en outre, qu'à l'avenir Germaine eût place dans la maison aussi bien que ses frères et sœurs. Mais celle-ci, accoutumée à la souffrance et se plaisant dans l'abaissement et les privations qu'elle endurait, supplia son père de ne rien changer au genre de vie qu'elle avait mené jusque-là.

Le temps des épreuves terrestres allait bientôt finir pour Germaine. Sa mort suivit de près l'éclatante manifestation de sa sainteté par le miracle des fleurs. Sa vingt-deuxième année n'était pas encore accomplie, lorsque son âme fut rappelée au Ciel !

Un matin, les brebis étant encore dans l'étable longtemps après l'heure où Germaine avait coutume de les mener aux champs, son père alla l'appeler sous l'escalier où elle prenait son repos sur sa couche de sarments. N'ayant pas reçu de réponse, il s'approcha, et la trouva privée de vie. La mort l'avait frappée au moment où elle faisait sa prière. Son visage offrait une expression de béatitude céleste !

La foule accourut pour voir la pieuse bergère que Dieu venait de délivrer des peines d'ici-bas. Le concours fut plus grand encore à ses funérailles. Selon la coutume de l'époque, elle fut inhumée dans l'église de Pibrac; sa mémoire demeura en vénération dans la contrée, où l'on rendit publiquement hommage à ses vertus.

IV.

SOMMAIRE. — Découverte du corps de Germaine quarante-trois ans après sa mort. — Fait relatif à la dame de Beauregard. — Enquête de 1661 et de 1700. — Profanation des restes de la Sainte en 1793. — Leur réinstallation, deux ans après, dans la sacristie de Pibrac, où ils étaient auparavant.

En 1644, c'est-à-dire, quarante-trois ans après la mort de Germaine, en creusant une fosse pour une défunte qui appartenait à la famille Cousin, et avait témoigné le désir d'être enterrée auprès de sa jeune parente, le sacristain trouva le corps de Germaine presque à fleur de terre. La pioche ayant ouvert le cercueil et atteint le visage, quelques gouttes de sang apparurent. A cette nouvelle, la foule accourut à l'église : ceux qui avaient connu Germaine, la reconnurent à la difformité du bras droit, et aux cicatrices des écrouelles encore visibles autour du cou. Les chairs étaient intactes; aucune trace de corruption ne s'y faisait remarquer; les vêtements même étaient en état de parfaite conservation.

On enleva le cercueil, et on le plaça découvert auprès de la chaire de l'église; c'était là que se trouvait le banc des gens de qualité. La dame de Beauregard, à laquelle la vue de ce cadavre inspirait une répugnance invincible, témoigna le désir qu'il fût ôté de là. Mais bientôt après, cette dame fut atteinte d'un ulcère au sein. L'enfant qu'elle nourrissait alors, ne prenant plus qu'un lait vicié, fut en peu de temps à toute extrémité. La science des plus habiles médecins resta impuissante contre le mal, et ne réussit pas même à en arrêter les progrès. La mère et l'enfant allaient périr, lorsque la dame de Beauregard, sans doute inspirée d'en haut, eut l'idée d'invoquer la protection de Germaine, en lui promettant de faire amende honorable de sa faute. La nuit suivante, la bienheureuse lui apparut en songe, et lui annonça sa guérison et celle de son enfant. Le lendemain, en effet, l'ulcère était fermé et l'enfant parfaitement guéri. Aussitôt, toute la famille se rendit à l'église, où la dame de Beauregard fit publiquement réparation de ses torts, en présence d'une foule considérable. Le corps de Germaine enfermé dans une caisse de plomb donnée par la dame de Beauregard, fut déposé dans la sacristie de l'église paroissiale de Pibrac.

Déjà plusieurs personnes qui s'étaient recommandées à la protection de Germaine avaient été guéries de maladies ou d'infirmités; déjà, l'on se rendait en pélerinage auprès des reliques, lorsqu'en 1661, M. Dufour, chanoine du Chapitre de Toulouse, et vicaire-général de l'archevêché, se rendit à Pibrac; et, sur ce qui lui fut attesté par divers témoins, notamment par des vieillards octogénaires qui avaient connu Germaine Cousin, il décida qu'une enquête juridique serait commencée. Toutefois, les choses en restèrent là pendant près de quarante ans; car ce ne fut qu'en 1700 que l'on procéda à une information plus complète; laquelle, en établissant les mêmes faits que la première, constata de nouvelles cures miraculeuses obtenues par l'intercession de Germaine, et attestées par des témoins oculaires. Ainsi, en 1660, la nommée Anne Frégond, de Pibrac, fut guérie d'écrouelles; en 1670, M. Tomangère, vicaire de Pibrac, fut guéri d'une paralysie. Postérieurement à l'enquête de 1700, François Tissinier, âgé de 20 ans, sourd-muet, recouvra l'ouïe et la parole, en 1702; Jean Serre, âgé de 18 ans, devenu boiteux à la suite d'une maladie, et obligé de se servir d'une jambe de bois, fut guéri instantanément, en septembre 1703.

Il ne faut donc pas s'étonner que la dévotion aux reliques de sainte Germaine n'ait fait qu'augmenter depuis le seizième siècle jusqu'à nos jours, et que la petite église de Pibrac ait été visitée par une multitude de pèlerins.

Le vandalisme sacrilège des hommes qui, en 1793, souillèrent la révolution Française par de monstrueux excès, ne devait pas épargner le tombeau de la bergère de Pibrac. Un étameur, nommé *Toulza*, qui s'est rendu tristement célèbre par l'exagération de sa démagogie et par son audacieuse impiété, était devenu l'un des chefs du district de Toulouse. Il se rend à Pibrac, fait ouvrir la caisse de plomb qui renfermait les restes de Germaine. Puis, de concert avec les membres de la municipalité de cette commune, il donne l'ordre à quatre hommes de creuser dans la sacristie de l'église un trou profond pour y enfouir le corps de la bienheureuse. De ces quatre hommes, il y en eut un qui refusa de prêter son ministère à cet acte de profanation. Les trois autres l'accomplirent ; mais tous trois ne tardèrent pas d'être punis. Ils furent frappés de cruelles infirmités, que l'un d'entre eux garda jusqu'à sa mort, et dont les autres obtinrent la guérison, en se repentant de leur crime, et en se recommandant à la protection de Sainte Germaine. Après que le corps eût été enfoui, on jeta dessus une grande quantité d'eau et de chaux vive, pour en hâter la dissolution.

Toutefois, cet acte sacrilège, en faisant disparaître les restes vénérés, ne réussit pas à atteindre le but que les profanateurs s'étaient proposé ; car la confiance des habitants de la contrée en la bienheureuse Germaine resta la même qu'auparavant. On venait dans la sacristie de Pibrac, s'agenouiller sur le lieu où sa dépouille mortelle avait été déposée, et se recommander à la protection de la sainte bergère, pour obtenir guérison de maladies ou d'infirmités.

Aussitôt qu'un peu de calme eut succédé à la tourmente révolutionnaire, le maire de Pibrac, Jean Cabriforce et M. l'abbé Montastruc, desservant de la paroisse de Pibrac, s'entendirent pour faire retirer le corps de Germaine de la fosse. Bien que depuis deux ans (on était alors en 1795), il fut demeuré enfoui dans un sol humide, on le retrouva parfaitement intact ; seulement les chairs étaient un peu desséchées par l'action de la chaux. On le replaça avec pompe dans la sacristie, à l'endroit même d'où il avait été enlevé.

En 1820, on le transféra dans la nouvelle sacristie ; depuis quelques années seulement, il a été déposé dans un monument édifié sur le sol du cimetière de Pibrac.

V.

SOMMAIRE. — Guérisons miraculeuses opérées, soit à Pibrac, au tombeau de la Sainte, soit en divers lieux, par son intercession. — Multiplication de la pâte et augmentation de la farine, dans la maison du Bon-Pasteur, à Bourges. — Guérison de Jacquette Catala et de Philippe Luc.

Les guérisons surprenantes et merveilleuses dues à l'intercession de la bienheureuse Germaine, et par lesquelles Dieu a voulu glorifier son humble servante en prouvant sa sainteté, sont en si grande quantité qu'il faudrait des volumes pour en faire l'énumération. Citons-en quelques-unes.

En 1820, Jeanne-Marie Laporte, percluse des deux jambes, en recouvre l'usage. — Au mois d'octobre 1822, Pierre Pratviel, affligé de rhumatisme aux cuisses et aux jambes, est guéri de cette infirmité.

En 1832, madame Desbale, de Toulouse, affligée depuis douze ans d'une hydropisie, et déclarée incurable par les plus célèbres médecins, a vu se dissiper son infirmité. — Marie Poumarède, de Montauban, atteinte d'une maladie de nerfs inexplicable, que les secours de la science avaient été impuissants à guérir, et même à soulager, a été promptement en voie de guérison, après un pélerinage à Pibrac. — En 1837, Marie Blancol, de Vilmur, âgée de 18 ans, atteinte d'un anévrisme au cœur, qui avait résisté aux secours de l'art, en a été guérie radicalement.

Nous entrerons dans quelques détails sur quatre miracles approuvés par la Congrégation des rites, pour la béatification de Germaine Cousin, et confirmés par sa Sainteté le Pape Pie IX.

1er. — La communauté religieuse du *Bon Pasteur* à Bourges (Cher), recueille quantité de jeunes filles, dont les unes sont arrachées au vice, et dont les autres ont déjà couru des périls où leur vertu a été près de succomber. Or, cette pieuse maison, qui a tant de charges, n'a guère d'autres ressources pour y faire face que les libéralités des personnes charitables, et le produit modique du travail manuel des jeunes filles qui y sont reçues en nombre considérable.

En 1845, il y avait dans la communauté du Bon-Pasteur 17 religieuses, 59 jeunes filles pénitentes, et 40 autres âgées de dix-sept ans au plus, placées dans cette sainte maison pour être mises à l'abri des écueils et des séductions du monde ; en tout donc : 116 personnes. La maison déjà endettée et hors d'état de subvenir aux besoins pressants de chaque jour, se trouvait dans une situation des plus précaires, et à la veille d'éprouver la disette. La supérieure de la communauté conçut alors la pensée de recourir à la protection de Germaine Cousin, pour qu'elle détournât ce fléau, en pourvoyant miraculeusement aux besoins de la maison, et au manque de blé, et en multipliant la pâte destinée à faire le pain. La prière fut exaucée ; les sœurs fournières observèrent la multiplication de la pâte de deux manières ; d'abord, en la mettant dans les mannes, ensuite, à mesure qu'elles la pétrissaient. Toute la communauté, religieuses et pensionnaires, vit cette multiplication miraculeuse, qui dans l'espace de quelques jours, se renouvela trois fois.

2°. — Dans la même maison, eut lieu, à peu près en même temps, une prodigieuse augmentation de farine. On y consommait environ 550 boisseaux de farine par mois. Cependant la quantité de farine qui, d'après cette consommation, aurait dû être épuisée dès le commencement de janvier 1846, fut miraculeusement augmentée de plus d'un tiers, de sorte qu'elle suffit à l'alimentation de la communauté jusqu'aux premiers jours de février.

3º. — Une petite fille de Toulouse, nommée *Jacquette Catala*, née en 1821, était depuis l'âge de dix-huit mois, dans un état de débilité extrême. Ses genoux et ses chevilles avaient grossi d'une manière extraordinaire, tandis que, par contre, ses cuisses et ses jambes maigrissaient considérablement ; au point que la pauvre petite ressemblait à un squelette On eut en vain recours, pendant longtemps, aux secours de la science médicale ; aucune amélioration ne put être apportée dans la situation de l'enfant.

Que l'on juge du chagrin des parents, en voyant leur fille atteinte d'un mal qui paraissait incurable et réduite à être toujours couchée, ou attachée sur une chaise à bras. Sa mère, au désespoir, eut l'idée de se vouer à la bienheureuse bergère de Pibrac, en laquelle sa confiance était extrême. Elle fit seule, deux fois, le pèlerinage de Pibrac ; à un troisième voyage, elle emmena la petite infirme et ses deux autres enfants. Jacquette et ses sœurs étaient chacune dans un panier sur le dos d'un âne. Toutes quatre assistèrent à la messe ; la mère s'approcha de la Sainte-Table ; au moment où elle allait recevoir la sainte hostie, la petite Jacquette vint se mettre à genoux à côté d'elle, sans que personne la soutînt. Puis, lorsque, l'office terminé, le prêtre donna la bénédiction aux fidèles, l'enfant se leva, retourna sa chaise, et s'agenouilla sans avoir besoin d'aucun appui. Le vœu de la mère était exaucé. A leur retour à Toulouse, la petite marchait sans difficulté. Tous les habitants du quartier populeux où demeurait la famille Catala, furent témoins de cette cure miraculeuse.

Depuis ce moment, Jacquette reprit des forces, et complètement délivrée de son infirmité, se maintint dans un état de santé aussi satisfaisant que possible.

4º. — Un jeune garçon, nommé *Philippe Luc*, d'un village appelé Cornebarrieu, situé aux environs de Toulouse, fut atteint, vers sa douzième année, d'une douleur aiguë à la hanche, douleur que le mouvement rendait plus sensible, de sorte qu'il ne marchait plus que difficilement.

Au bout de deux ans un abcès se forma ; quelques remèdes le firent percer, il en sortit de l'humeur ; puis il se ferma, mais pour se rouvrir peu de temps après. Plusieurs médecins furent consultés ; tous, après avoir visité la plaie, déclarèrent qu'elle présentait les symptômes d'une fistule.

D'après les conseils des hommes de l'art, et en vue de faciliter la guérison, le jeune Philippe, transporté et admis dans un hôpital de Toulouse, y fut l'objet des soins des plus empressés. Mais la science humaine déploya vainement tous ses remèdes et toutes ses ressources. La plaie, loin de se refermer, était devenue plus profonde encore, et l'os commençait à se carier. Revenu dans son village, après quelques mois passés à l'hospice, Philippe Luc, qui avait entendu parler des cures merveilleuses opérées au tombeau de Germaine Cousin, conçut l'espoir d'obtenir sa guérison par la protection de la bienheureuse, et se décida à aller en pélerinage à Pibrac.

Quoique le trajet ne fût que de quelques kilomètres, il eut beaucoup de peine à le faire. Après avoir prié devant le tombeau de la sainte, il se remit en route avec sa mère, qui avait voulu l'accompagner. Aussitôt arrivé à la maison, il se mit au lit ; sa mère pansa la plaie, et la banda avec des linges qu'elle avait appliqués sur le corps de Germaine. Après avoir dormi une heure ou deux, il s'éveilla, et appela sa mère, qui vint le panser de nouveau. Que l'on juge de la surprise et de la joie de celle-ci, lorsqu'en enlevant les ligaments qui entouraient la plaie, elle les vit parfaitement secs, et l'ulcère complètement guéri ! Les médecins ne furent pas moins étonnés, en ne voyant plus à l'endroit où avait existé la plaie, qu'une cicatrice fermée, et en se convainquant que toute difformité de l'os avait disparu ; enfin qu'il n'y avait plus à craindre le retour du mal.

VI.

Les enquêtes faites par MM. Jean Dufour et Joseph Morel, vicaires-généraux de l'archevêché de Toulouse, la première en 1661, la seconde en 1700, avaient bien constaté l'identité du corps de Germaine et son intégrité; elles avaient bien recueilli les témoignages de bon nombre de personnes sur quelques faits miraculeux qui s'étaient passés; mais elles ne s'étaient occupées que très-sommairement des vertus et des mérites de la bergère de Pibrac. En 1843, Mgr. le cardinal d'Astros, archevêque de Toulouse prit à cœur de signaler son administration apostolique, en appliquant son zèle et ses soins à la cause de la béatification de Germaine. En conséquence, on dut s'occuper de nouvelles informations et procédures, qui furent terminées en 1845. Le Pape Grégoire XVI désigna pour rapporteur de la cause le cardinal Lambruschini.

Nous n'entrerons pas dans le détail des actes de cette procédure et de son instruction devant la Congrégation des rites. Mais nous relaterons ici un fait qui mérite d'être mentionné, parce qu'il établit la vénération singulière des habitants de la contrée où naquit la Bienheureuse, pour celle dont la protection a été si souvent efficace.

Lorsque la commission déléguée par Mgr l'archevêque de Toulouse pour se rendre à Pibrac, à l'effet de constater par la preuve testimoniale que l'on n'avait jamais rendu aucun culte public à Germaine Cousin, lorsque cette commission, disons-nous, arriva sur les lieux, les gens du pays se persuadèrent que l'on allait leur enlever le corps de la sainte. De cette persuasion, qui se propagea rapidement aux alentours, résultèrent des désordres, qui prirent un caractère assez sérieux. On eut des peines infinies à dissiper cette erreur, et à faire comprendre à cette foule ameutée, que l'on ne songeait nullement à enlever aux habitants de Pibrac les reliques qu'ils regardaient comme un inestimable trésor, et que le corps de leur chère sainte demeurerait à Pibrac après la béatification comme auparavant.

La Congrégation des Rites ayant terminé le 31 mai 1853, la procédure et l'instruction préalables à la béatification, le Bref qui autorisait cette béatification fut publié le 24 juin 1853 dans la sacristie de l'archi-basilique de Saint-Pierre.

Voici comment se sont passées les choses, et c'est ce qui a lieu pour chaque décret de béatification.

Le Saint-Père, entouré des Cardinaux et des Consulta teurs, a demandé successivement à chacun d'eux : « Peut- « on procéder à la béatification de la vénérable Ger « maine ? »

Ainsi interrogés, chacun des Cardinaux et des Consulta-teurs, répondent : les premiers, tête nue et en s'inclinant profondément; les seconds, en fléchissant le genou : « *Tuto, beatissime Pater.* » (« Oui, très-Saint-Père, on « le peut assurément. »)

La cérémonie de la béatification a eu lieu au Vatican, le 7 mai 1854, avec toute la solennité que comportait la circonstance. La détonation de l'artillerie du château Saint-Ange, se mêlant au chant du *Te Deum*, le vicaire de Jésus-Christ, accompagné du Sacré-Collège des Cardinaux, se prosternant aux pieds de l'humble servante de Dieu, de celle dont la houlette ne gouverna que de pauvres brebis; là foule se pressant dans la basilique pour assister à cette pieuse fête; n'est-ce pas là un de ces spectacles véritable-ment grandioses et sublimes, que, seule, la catholicité peut offrir? Mais si la journée du 7 mai vit les premiers homma-ges publics rendus à la bergère de Pibrac dans la métro-pole de l'univers catholique, celles des 12, 13 et 14 juin tiendront aussi une belle place dans les annales de la vieille capitale du Languedoc. Monseigneur Mioland, archevêque de Toulouse, et Monseigneur l'évêque de Limoges célébrant pontificalement le sacrifice de la messe; d'illustres orateurs prononçant, du haut de la chaire de vérité, le panégyrique de la Bienheureuse; de splendides illuminations, des feux d'artifice; un immense concours de fidèles accourus de très-loin à cette solennité, et se pressant à l'envie pour apporter leur tribut de vénération aux reliques de sainte Germaine, exposées sur un autel au-dessous d'un tableau représentant le miracle du pain changé en fleurs ; rien n'a manqué à ce *triduo* solennel qui laissera dans la mémoire des habitants de Toulouse un doux et précieux souvenir !

Le 29 juin 1867, jour de la Saint-Pierre, Rome a célébré la fête solennelle du Centenaire et de la Canonisation de plusieurs bienheureux, entre autres de l'humble bergère de Pibrac. Tous les pays avaient leurs représentants dans cet immense concours d'étrangers accourus pour assister à cette solennité chrétienne. Et quel plus beau spectacle pourrait-on admirer ?

Le Saint-Père, entouré de nombreux prélats, célébrant le sacrifice de la messe dans la basilique dédiée au Prince des Apôtres, prononçant la formule sacramentelle de la Canonisation, puis donnant sa bénédiction à la ville et au monde, *urbi* et *orbi*, pendant que cent mille fidèles étaient agenouillés dans l'église et sur l'immense place du Vatican, que les tambours battaient, que les troupes présentaient les armes, et que le canon du fort Saint-Ange mêlait ses détonations aux chants religieux ; tout cet ensemble ne formait-il pas le plus sublime, le plus émouvant des tableaux ?

Des *Te Deum* ont été chantés dans plusieurs églises de Rome, notamment à Saint-Louis-des-Français. Dans la soirée, les édifices publics ont été illuminés. Partout sur son passage, le Souverain Pontife a été salué par d'enthousiastes acclamations.

Parmi les villes (et elles sont nombreuses), qui ont voulu s'associer à la grande fête du Vatican, Toulouse s'est particulièrement signalée par une éclatante manifestation. Les maisons ont été pavoisées et illuminées jusqu'au faîte. En un mot, l'antique Cité catholique a donné, dans la journée du 23 juin, un nouveau témoignage de la piété de ses habitants.

EPILOGUE

Maintenant, ce n'est donc plus seulement dans le modeste village où naquit Germaine Cousin, ce n'est plus seulement dans la contrée qu'elle édifia par ses admirables vertus, que la pieuse bergère sera honorée et que son nom sera en vénération; c'est par le monde catholique tout entier qu'elle sera désormais appelée *Bienheureuse!* Ainsi, méconnu et souvent méprisé ici-bas, le juste obtient, tôt ou tard, la légitime récompense de ses mérites. Les grandeurs et les gloires mondaines sont fragiles et périssables; les vertus seules peuvent faire bénir la mémoire de ceux qui se sont appliqués pendant leur vie à les pratiquer constamment.

Dieu l'a voulu : le tombeau de la modeste fille des champs est glorifié; l'humble et obscure Germaine Cousin est aujourd'hui placée au rang des *Bienheureux.*

INVOCATION

ADRESSÉE

A SAINTE GERMAINE

Bienheureuse Germaine Cousin! vous dont l'existence s'écoula dans la souffrance, la pauvreté et les plus rudes épreuves! vous qui fûtes le modèle de toutes les vertus chrétiennes, et spécialement de la chasteté, de l'humilité, de la foi sincère et de l'ardente charité! Vous dont la sainteté s'est manifestée de la manière la plus éclatante par les miracles qui prouvent le crédit dont vous jouissez auprès de Dieu! vous dont le tombeau a été solennellement glorifié! Daignez nous obtenir, par votre puissante protection les grâces précieuses dont nous avons besoin. Demandez pour nous au Seigneur cette patience, cette résignation, dont vous donnâtes un si bel exemple. Inspirez-nous le désir de suivre votre trace, afin que nous méritions un jour d'être admis au nombre des élus de Dieu!

CANTIQUE

EN L'HONNEUR DE LA BIENHEUREUSE

GERMAINE COUSIN

Air :

Ouvrez vos rangs, immortelles phalanges,
Pour recevoir une sainte de plus ;
Portée au Ciel sur les ailes des anges,
Elle prend place au milieu des élus !
Une couronne attend l'humble bergère,
Dieu lui réserve un triomphe éclatant ;
Recevez-la, MARIE, auguste Mère !
Dans votre sein accueillez votre enfant !

GERMAINE, hélas! infirme à sa naissance,
Connut, bien jeune, et souffrance et douleur ;
Pour elle, on voit commencer, dès l'enfance,
Des jours semés d'épreuve et de malheur.

De la famille on la tient éloignée ;
Et, sans se plaindre, elle obéit toujours...
Pour demeurer soumise et résignée,
A la prière elle a souvent recours.

Des loups nombreux désolent la contrée...
Mais l'œil de Dieu veille sur ses brebis ;
Sans en avoir une seule égarée,
Quand vient le soir, elle rentre au logis.
La voyez-vous se rendre à la chapelle ?
Que d'un torrent l'onde roule avec bruit...
Le Tout-Puissant récompense son zèle ;
Sur l'autre bord lui-même la conduit !

Une marâtre, à l'innocente fille,
Devant témoins reproche hautement
De dérober le pain de la famille,
Et lui promet un rude châtiment.
Pauvre GERMAINE ! un zèle charitable
Va t'exposer à d'injustes fureurs...
Mais, oh ! surprise !... oh ! prodige admirable !
Son tablier ne contient que des fleurs !...

Oui, tes vertus méritent notre hommage,
Fille des champs ! et ton nom respecté
Fait refléter sur un pauvre village
Les purs rayons de sa célébrité.
A ton tombeau la foule qui se presse,
Vient apporter son hommage pieux ;
Et chaque jour, la voix de la détresse
Élève à toi sa prière et ses vœux !

Voici l'instant, GERMAINE ! où l'on s'apprête
A te payer un solennel tribut...
De ton triomphe on célèbre la fête ;
Rome hautement honore ta vertu.

Le *Te Deum* est chanté dans Saint-Pierre ;
Du fort Saint-Ange a tonné le canon ;
Et, par la voix que le monde révère,
Au rang des saints l'Église inscrit ton nom.

Pour proclamer ton immortelle gloire,
Si l'affluence est grande au Vatican,
Notre pays est fier de ta mémoire ;
Il s'associe aux honneurs qu'on te rend.
Mainte cité se montrera jalouse
De prendre part à la solennité ;
Mais c'est surtout dans l'antique Toulouse,
Qu'avec transport ce grand jour est fêté !

SAINTE GERMAINE ! obtiens pour nous les grâces
Dont le secours est nécessaire à tous ;
Pour t'imiter et marcher sur tes traces,
Par ton exemple, en tout temps, soutiens-nous !
Fais, qu'éclairés par une foi sincère,
Nous évitions les écueils d'ici-bas...
Sois notre appui bienheureuse bergère !
Vers l'heureux port viens diriger nos pas !

LITANIES

EN L'HONNEUR

DE SAINTE GERMAINE COUSIN

Seigneur, ayez pitié de nous,
Jésus-Christ, ayez pitié de nous.
Seigneur, ayez pitié de nous.
Jésus-Christ, écoutez-nous.
Jésus-Christ, exaucez-nous,
Père Céleste, qui êtes Dieu, ayez pitié de nous.
Fils de Dieu, Rédempteur du monde, ayez pitié de nous
Saint-Esprit, qui êtes Dieu, ayez pitié de nous.
Trinité Sainte, qui êtes un seul Dieu en trois personnes,
    ayez pitié de nous.
Sainte Vierge Marie, Mère de Dieu, priez pour nous.
Glorieuse sainte Germaine Cousin, priez pour nous.
Sainte Germaine, qui, dès l'enfance, avez été éprouvée par
    la souffrance et les infirmités, priez pour nous.
Sainte Germaine, qui avez supporté sans vous plaindre les
    injustices et les mauvais traitements, priez pour nous.
Sainte Germaine, qui avez constamment donné l'exemple
    de la douceur et de la résignation, priez pour nous.
Sainte Germaine, qui avez été, ici-bas, un parfait modèle
    d'humilité, priez pour nous.
Sainte Germaine, qui dès votre plus tendre enfance, avez
    témoigné tant d'amour pour Dieu et de zèle à observer
    ses lois, priez pour nous.

Sainte Germaine, fidèle servante de Jésus et de Marie, priez pour nous.

Sainte Germaine, vous que couvrait la protection du Tout-Puissant, qui veillait sur votre troupeau et vous faisait traverser à pied sec un fougueux torrent, priez pour nous.

Sainte Germaine, vous dont le Seigneur a manifesté visiblement l'innocence par le miracle des fleurs, priez pour nous.

Sainte Germaine, vous que Dieu, pour faire cesser vos misères et vos tribulations, a rappelée bien jeune de ce monde, priez pour nous.

Sainte Germaine, vous dont le Seigneur a fait éclater la gloire et les mérites, par les faveurs obtenues grâce à votre intercession, priez pour nous.

Sainte Germaine, vous que l'Eglise a placée au nombre des bienheureux qu'elle honore, priez pour nous.

Sainte Germaine, vous dont le nom béni est vénéré par les populations, priez pour nous.

Sainte Germaine, vous dont le tombeau est désormais glorifié, priez pour nous.

Sainte Germaine, qui jouissez de l'éternelle félicité des élus, priez pour nous.

Agneau de Dieu, qui effacez les péchés du monde, pardonnez nous, Seigneur.

Agneau de Dieu, qui effacez les péchés du monde, exaucez-nous, Seigneur.

Agneau de Dieu, qui effacez les péchés du monde, ayez pitié de nous, Seigneur.

Priez pour nous, Sainte Germaine, afin qu'imitant vos vertus, et votre vie exemplaire, nous consacrions, comme vous, toutes nos pensées et nos actions à Jésus-Christ, notre Sauveur.

ORAISON.

O Dieu ! qui avez accordé à votre zélée servante, la bienheureuse Germaine Cousin, l'humilité, la chasteté, la patience et la résignation, qui lui avez prêté votre appui

pour supporter les souffrances et les tribulations, exaucez
dans votre miséricorde, les prières que nous vous adressons
en invoquant cette bienheureuse, afin qu'instruits par sa
exemple et secondés par son intercession, nous ayons part
un jour au bonheur éternel. Nous vous en supplions par
Notre-Seigneur Jésus-Christ, votre fils, qui, étant Dieu, vit
et règne avec vous en l'unité du Saint-Esprit, dans tous
les siècles des siècles. Ainsi soit-il.

CANTIQUE

—

Tremble, pécheur ! que tes longues offenses
De l'Éternel n'appellent les vengeances.
Ne sais-tu pas que sur toi l'œil de Dieu
Veille sans cesse et te suit en tout lieu ?

Pauvre insensé, qui des plaisirs frivoles
Et des trésors t'es créé des idoles,
Ignores-tu que les biens d'ici-bas
Ne sont plus rien à l'heure du trépas ?

Ambitieux, tes rêves éphémères,
Tes grands projets sont parfois des chimères.
Richesses, honneurs, titres et dignités,
T'absoudront-ils de tes iniquités ?

Aveugle, hélas ! qui, dans son arrogance,
Met en lui seul espoir et confiance,
Sans réfléchir que le Maître des cieux
Saura punir l'impie et l'orgueilleux !

Pourquoi, pécheur, toujours fermer l'oreille,
Quand du remords en toi la voix s'éveille ?
Ouvre plutôt ton cœur au repentir,
Et le Seigneur se laissera fléchir...

La mort saura confondre ton audace ;
Elle s'approche, et sa faulx te menace…
De la terreur redoute le tourment
Lorsque viendra ce funeste moment !

Dans quelques jours, et dès demain peut-être,
Devant ton juge il te faudra paraître.
Il est sévère et juste ; auprès de lui
L'iniquité ne trouve pas d'appui.

Pour le méchant s'il est inexorable,
Avec rigueur s'il traite le coupable,
Plein de clémence, il pardonne au pécheur
Qui se repent dans le fond de son cœur.

Un vrai chrétien détourne ses pensées
Des vanités, des pompes insensées
Qu'à ses regards offre un monde imposteur,
Pour ne songer qu'à Dieu son créateur !

Il marchera loin des sentiers du vice,
Et se réglant toujours sur la justice,
Observera ces préceptes divins
Par Jésus-Christ enseignés aux humains.

Il offrira, sensible et charible,
A l'infortune une main secourable,
Et restera fidèle à cette loi
Qui dit d'aimer son prochain comme soi.

Vous tous qu'abuse une fausse sagesse,
Qui des plaisirs cherchez la folle ivresse,
Hommes mondains ! dans votre aveuglement,
Vous oubliez le jour du jugement.

Écoutez donc un avis salutaire :
En s'occupant des choses de la terre
On peut encore un peu songer au ciel…
N'est-ce pas là qu'est le port éternel ?

Sortez, sortez de votre indifférence;
Tournez vers Dieu vos vœux, votre espérance,
Ne tient-il pas en ses mains votre sort?
Pourquoi tarder? attendre est un grand tort.

Car il s'agit du salut de vos âmes,
De les soustraire aux dévorantes flammes
Que les douleurs attisent aux enfers,
Dont sous vos pas les gouffres sont ouverts!

Craignez la mort, craignez le jour terrible
Où Dieu rendra sa sentence inflexible,
Où ses arrêts absolus, souverains,
A tout jamais fixeront vos destins!..

Alors, la voix de l'Arbitre suprême
Sur les méchants lancera l'anathème,
En leur disant: « Allez! je vous bannis,
« Par cet exil vos méfaits sont punis!.. »

Puis s'adressant aux bons remplis de joie,
Il leur dira : « Vous suivîtes ma voie;
» Soyez bénis... de ma félicité
» Vous jouirez pendant l'éternité!.. »

<hr>

DIEU ENTEND TOUT

MARCHEZ EN MA PRÉSENCE, dit Dieu à Abraham,
et vous serez parfait. Où est Dieu? mais que dis-je? misé-
rable, que ne dis-je plutôt, où n'est-il pas? Il remplit tout
l'univers, il est plus élevé que le ciel, plus profond que
l'enfer, plus étendu que la terre, il voit tout, il entend tout,
il écrit tout : c'est lui qui donne la vie, le mouvement et
l'être, et qui soutient tout par sa présence; la nature, le ciel
et la terre tout obéit à ses lois et annonce sa providence;
du haut de son trône éternel il observe tous les enfants des
hommes.

CHRÉTIEN, souviens-toi que tu as aujourd'hui un Dieu à aimer, une âme à sauver, tes péchés à expier, un paradis à gagner, un enfer à éviter ; le bien et le mal, la vie et la mort sont exposés à tes yeux ; ce que tu auras choisi dans le temps te sera donné dans l'éternité. *Arrête, malheureux !* où vas-tu ? que vas-tu faire ? Dieu le défend ; le lieu le plus caché, la nuit la plus obscure, sont à ses yeux plus clairs que le jour ; il t'entend, ô ! le plus scélérat des hommes, qui jures sans cesse son saint nom ! Que n'est-il pour toi cet heureux temps où l'on t'aurait percé la langue d'un fer rouge pour t'éviter des supplices éternels.

AVARE qui vois ton idole, insensé ! à quoi te sert ton argent caché, et tes gains entassés, tandis que tes frères languissent de faim et de froid ; il est mort ce pauvre ; qui l'a tué ? c'est ton cœur impitoyable, cette nuit !....

PHILOSOPHES, il y a un Dieu, les cieux publient sa gloire, le soleil l'annonce à son lever, les oiseaux et les animaux vous crient tous que celui qui a fait l'œil vous voit, que celui qui a fait l'oreille vous entend ; cessez de blasphémer le ciel et d'empoisonner la terre de vos mauvais livres, cessez d'assimiler l'homme à la bête.

Mourir n'est pas perdre l'être ; pour le juste, c'est passer de cette terre d'exil à la céleste patrie ; l'âme quitte seulement une vile matière qui la faisait languir ici-bas, elle emporte ce qui pense et ce qui aime, les sentiments de sa joie et de sa douleur, la beauté de ses couleurs et de toutes ses autres sensations ; éclairée de la lumière divine, elle en sait plus que tous les philosophes et elle entre dans une grande félicité.

DIEU ÉCRIT TOUT

COURAGE, bon et fidèle SERVITEUR, il est témoin de tes combats, il voit tes sacrifices ; un soldat que son roi voit combattre n'a garde de commettre une lâcheté. Pauvre affligé, il te regarde dans tes souffrances, regarde-le, tu seras consolé. **O HOMMES INSENSÉS**, qui passez votre vie sans penser à l'Auteur de votre être, à la mort, quelle surprise ! plus d'or, plus d'amis, plus de plaisirs, plus de biens. Dieu seul ! que sert à l'homme de gagner tout l'univers, s'il vient à perdre son âme ? plaisir de mourir sans peine vaut bien la peine de vivre sans plaisirs. Dieu fait ses délices d'être avec les enfants des hommes. Il s'est fait homme dans un sacrement ineffable, il a trouvé le moyen de rester parmi les hommes, il est dans nos églises, il y prie et s'immole sans cesse à Dieu son père, et se donne en nourriture à l'homme, cela est-il croyable ? Les anges l'adorent en tremblant, et ils ont l'emploi d'écrire nos adorations aussi bien que nos irrévérences à ce mystère d'amour ; mon âme reste étonnée, interdite…, elle frémit et s'écrie : que ce lieu est terrible, c'est ici la maison de Dieu, la porte du Ciel.

Ce Dieu, maintenant voilé, paraîtra au dernier jour, plein de puissance et de majesté ; au jour redoutable où la trompette sonnera, les morts sortiront de la poussière du tombeau.

JÉSUS-CHRIST, souverain-juge, mettra à découvert toutes les actions des hommes ; alors, les bons le verront tel qu'il est, ils seront abimés dans un lieu d'horreur et de supplices éternels.

Ah ! je frémis en pensant à ces supplices, à ce feu qui doit dévorer les impies ; une heure en enfer est plus insupportable que cent ans de la pénitence la plus rude.

Tonnerre, écrase-moi !….. Dieu tout-puissant, anéantis-moi ! si jamais je t'oublie.

Seigneur, jetez du haut des cieux sur mon âme un regard favorable, et mon cœur, de concert avec ma bouche, dira tous les jours : Je veux tout ce que vous voulez, comme vous le voulez, autant que vous le voulez, vous aimer et vous servir seront mes plus ardents désirs.

PRIÈRE

A SAINTE GERMAINE COUSIN

O bienheureuse Germaine ! vous qui, infirme et souffrante, avez toujours montré une angélique résignation ! Vous, qui, aux injustices et aux mauvais traitements, avez opposé une patience à toute épreuve ! Vous, qui, animée d'un zèle ardent pour le service de Dieu et remplie d'une fervente dévotion à Jésus et à Marie, cherchiez dans la prière le refuge et les consolations, obtenez-nous par votre intercession les grâces dont nous avons besoin pour imiter vos vertus et marcher sur vos traces dans les sentiers du Seigneur, afin que nous soyons un jour jugés dignes de participer à votre gloire et à votre éternelle félicité. Ainsi soit-il.

LYON. — IMP. C. JAILLET RUE MERCIÈRE, 92.

GRAVURES, PHOTOGRAPHIES ET BROCHURES

EN VENTE

Chez Jean-Baptiste GADOLA

ÉDITEUR ET AUTEUR

Cours de Brosses, 2, Lyon (Guillotière)

Véritable portrait de Marie-Marguerite ALACOQUE, photographie
d'après le tableau original, 1 fr. l'épreuve. (Envoyer en timbr.-p.)

Le dernier Saint-Sacrifice de la Messe, célébré par M. VIANNEY.

Les derniers moments de M. J.-M.-B. VIANNEY.

Portrait du vénérable J.-M.-B. VIANNEY, curé d'Ars.

Vue de la Chambre qu'habitait le vénérable curé d'Ars.

Vue extérieure du Presbytère d'Ars. — Habitation de M. VIANNEY.

Le vénérable Curé d'Ars, distribuant des médailles religieuses.

Vue de l'ancienne Église d'Ars.

Vue de la nouvelle Église d'Ars.

Vue générale d'Ars.

Vue de l'intérieur de l'Église d'Ars.

Ces 8 derniers sujets photographiés d'après nature.

Prix : 1 Fr. chaque.

Vie de N.-S. Jésus-Christ et de la Très-Sainte Vierge Marie.

Notice historique sur les Martyrs du Japon, canonisés à Rome, le
8 juin 1862.

Esquisse biographique sur M. J.-M.-B. VIANNEY, curé d'Ars.

Une visite aux Lieux-Saints.

Abrégé de la vie de la Bienheureuse Marie-Marguerite ALACOQUE.

Esquisse sur Sainte Germaine-Cousin, de Pibrac.

Tous ces ouvrages format in-18 de 36 pages.

Prix : 15 centimes chaque.

———

Délices du Pélerin d'Ars, in-32, de 320 pages.

9 782013 491723